AFFAIRES DE LA PLATA.

—

EXTRAIT

DE LA

CORRESPONDANCE DE M. EUGÈNE GUILLEMOT

Pendant sa mission dans l'Amérique du Sud.

PARIS

IMPRIMERIE LANGE LÉVY ET COMPAGNIE,
rue du Croissant, 16.

—

1849.

Sous presse :

LA POLITIQUE ET L'AVENIR DE LA FRANCE

DANS L'AMÉRIQUE DU SUD,

Par Eugène GUILLEMOT.

(La présente correspondance est extraite dudit ouvrage.)

AFFAIRES DE LA PLATA.

Rio de Janeiro, 12 décembre 1848.

Cette session, comme je l'ai dit, a été hostile aux étrangers, nous y avons été menacés dans nos relations politiques, et frappés dans nos intérêts commerciaux. Peu s'en est fallu même qu'on y ait mis en votation la prohibition pour les étrangers du commerce de détail. On eût dit une réminiscence de l'ancienne politique du Mexique, et le Brésil semblait se repentir des principes libéraux proclamés par lui en se constituant nation indépendante, prêt à revenir sur sa conduite d'alors.

Les meneurs sans doute avaient aussi, en agissant comme ils le faisaient, une arrière-pensée, celle d'affaiblir le pouvoir central, en lui créant des embarras et en l'isolant; mais ce sentiment n'était pas le seul qui les poussât, et la prévention contre nous y avait une bonne part.

Le parti qui s'intitule du progrès social était celui qui travaillait le plus de cette façon, et les hommes qui se disaient avoir mission d'agir pour les libertés de tous attaquaient le plus vivement les nôtres; mais le pouvoir nous défendait.

La leçon ne doit pas être perdue pour nous, et il est naturel d'induire de ce qui s'est passé que c'est à l'ordre établi, au pouvoir, que nous devons ici nous attacher, tout en cherchant autant que possible à renforcer son action dans le sens des doctrines libérales, qui réellement feraient sa sûreté en même temps que notre bien-être.

Nos relations avec le Brésil ont donc continué à être toutes bienveillantes, grâce à la sagesse du gouvernement, et elles demeurent, au point de vue général, les mêmes et sur le même pied que par le passé.

Je dois pourtant m'empresser d'ajouter qu'une attitude plus énergique de notre part, non pas au Brésil, mais dans les pays qui l'avoisinent nous serait au moins convenable à son égard même. Le reflet sur lui d'une politique française plus fortement caractérisée autour de lui ne pourrait avoir qu'un bon effet, et notre crédit sous ce rapport a subi quelque baisse qu'il est urgent d'arrêter.

Heureusement, la tâche qui nous est ainsi imposée est belle et tout entière dans les principes généreux adoptés par nous : elle s'accorde avec les intérêts de tous les peuples sur lesquels elle aurait à s'accomplir ; elle consiste à défendre leur indépendance, à leur assurer la paix et à développer leurs moyens de bonheur.

Je vais me permettre d'entrer dans quelques détails, et préciser mes idées à cet égard.

Le Paraguay est menacé par Rosas, voisin ambitieux, qui représente le vieil esprit de localité égoïste et jaloux.

Une manifestation de la France en faveur du Paraguay, par l'envoi qu'elle y ferait d'une mission diplomatique, et par la reconnaissance de sa nationalité, déjà reconnue par le Brésil, serait une mesure de convenance et d'à-propos ; ce serait un acte de bon vouloir pour un État injustement menacé dans son existence, significatif comme appui à sa cause, et flatteur à titre de fraternisation européenne.

Cette mission devrait être composée d'un personnel choisi : un militaire peut-être ou un marin, et en outre quelque homme versé dans les différentes branches de l'administration ; car ainsi, nous aurions, les circonstances y aidant, quelques services à y rendre et quelque popularité à y gagner dans le travail d'organisation définitive des choses. C'est ce qu'eût pu faire le Brésil, et un de ses agens, homme habile et modeste, M. Pimonta Bueno, y avait tout disposé ; mais les phases variées de la politique brésilienne à l'égard de la Plata ont neutralisé l'œuvre à son début.

Indépendamment de l'intérêt de circonstance que nous avons à la mesure, vis-à-vis du Brésil et de la Confédération Argentine, la Paraguay mérite de nous une attention toute particulière.

Déjà nos ouvriers se dirigent vers ce pays, il doit être dans l'état actuel des choses comme une dernière étape sur la route de notre émigration industrielle dans l'Amérique du Sud, et on peut facilement apprécier son avenir commercial, placé comme il l'est au centre de cette ligne de communications fluviales qui s'étend de Montevideo jusque dans le haut de l'ouest du Brésil, pour ne pas même s'arrêter là, car tôt ou tard elle viendra par l'Amazone à l'Océan, contournant et traversant le continent presque dans toute sa longueur.

Aider à l'établissement premier de cette admirable canalisation naturelle doit être un objet de légitime ambition pour la France.

La base de cette même ligne si féconde en mouvement commercial et en bien-être futurs, existe aujourd'hui par nous, c'est-à-dire par le fait de l'indépendance de Montevideo qui nous est uniquement due et à la persistance de nos sympathies avec cet État.

Telle est en effet la force des liens qui nous unissent à Montevideo, que rien, depuis plusieurs années, n'a pu les rompre.

Le gouvernement français a vainement voulu plusieurs fois écarter de lui la question comme un embarras et une fatigue ; la cohésion a duré en dépit de tout.

Il est vrai qu'on peut lui reprocher d'avoir comme dégénéré en mal chronique, et sans autre résultat que de prolonger la souffrance commune ; mais c'est à ce mal qu'il faut que la France porte un prompt remède, quels que soient d'ailleurs ses travaux et ses épreuves à elle-même ; elle ne saurait admettre que son alliance puisse jamais nuire, et elle ne doit le laisser penser aux autres que le moins de temps possible. Il y a ici, avant tout, un devoir d'honneur à satisfaire ; vient ensuite un acte humanitaire, une œuvre glorieuse à entreprendre; œuvre non moins belle que celle que nous avons accomplie anciennement aux États-Unis, et avec cet avantage encore qu'au lieu d'une crise générale de guerre à affronter, nous n'avons ici qu'un effort momentané à faire, sans inconvéniens futurs possibles et avec chance de nobles résultats.

L'envoi de 6,000 hommes y suffirait. Le pays unirait les forces qui lui restent aux nôtres ; et l'envahisseur ayant déjà devant lui une ville en armes, avec un fleuve derrière lui, facile à occuper par des forces navales qu'il ne peut combattre, serait bientôt forcé de quitter le territoire.

La guerre une fois refoulée par delà le fleuve, sans autre agression, rien n'empêcherait d'attendre que les choses prissent leur cours pour se résoudre d'elles-mêmes. Les résistances que nous pourrions éprouver de la part de tiers dans l'exécution ne seraient en tout cas que peu sérieuses.

En supposant que l'Angleterre nous refusât sa coopération, elle a tant à souffrir de la part de Buenos-Ayres, comme exigences arrogantes d'indemnités à payer, de restitutions de territoires et de réparations d'honneur à faire, qu'elle ne saurait à coup sûr que rester neutre pour le moment.

Quant au gouvernement brésilien, il voit si bien l'état des choses, qu'il s'est offert dans le temps à l'intervention, offre qui malheureusement a été négligée. Rosas, une fois à Montevideo et au Paraguay, ces deux boulevarts du Brésil, se trouverait prendre le pays à revers ; et avec ses moyens de propagande et d'appel aux esclaves, il en serait le fléau et peut-être le maître. Aussi la France, en tenant séparés de la confédération Argentine Montevideo et le Paraguay, rendrait-elle au Brésil un service capital : service d'autant plus appréciable qu'il n'y a réellement, en aucun cas, rien de sérieux pour lui à craindre de nous.

Il est encore une question à laquelle on arrive nécessairement quand on s'occupe de l'Amérique du Sud au point de vue de la France, celle de la démarcation des frontières entre la Guiane française et le Brésil.

Cette question est tout l'opposé, quant à l'opportunité de solution, de celle de la Plata. Celle-ci demande à être décidée actuellement, avant qu'elle ait changé de forme ; l'autre, au contraire, a été ajournée, elle appartient à l'avenir.

Mais ce que la France peut faire de ce côté, dès à présent et sans éveil d'aucune susceptibilité de voisinage, c'est de chercher, non pas à posséder plus, mais à posséder mieux et plus utilement.

Il lui convient d'établir un grand centre d'émigration sur le continent sud américain.

L'Amérique du Sud est occupée en presque totalité par des nations de descendance ibérique. Un germe fécond de notre nationalité doit être déposé parmi elles ; et si quelque jour les Anglo-Américains prétendent franchir Panama et descendre vers le cap Horn, il est bon qu'ils trouvent au moins sur leur route un peuple à nous, de race non moins forte que la leur, qui serve de tête de colonne à ces autres peuples pour ainsi dire de même système et en rapport avec nous d'origine, de coutumes, de langue et de religion.

Ainsi, pour me résumer, assistance immédiate donnée à Montevideo, manifestation en faveur du Paraguay, faite promptement aussi, de manière à en avoir le mérite, maintien de toutes nos relations, et adhésion à toutes les organisations politiques établies, en tant que se rapprochant des idées généreuses de grande civilisation. Telles sont les convenances de notre politique sud-américaine et les données d'ensemble sur lesquelles l'attention doit se porter.

Nous devons introduire notre population dans l'Amérique du Sud par le plus de points possible, et en multiplier les rapports avec nous, en raccourcir les distances le plus possible par la navigation à vapeur. Nous devons y répandre, en y prêchant d'exemple, les doctrines libérales à tous égards, commerce, industrie, colonisation, et nous empresser d'y mettre nos arts et nos sciences au service de la cause d'un progrès bien ordonné.

Les gouvernemens sud-américains ne se sont occupés que trop, dans leur diplomatie, de débattre des intérêts administratifs, de contester aux étrangers quelques conditions de bien-être dont ils jouissent communément ailleurs, d'élever au nom du fisc des barrières toujours nouvelles autour d'eux, de surtaxer des marchandises.

Faisons appel à l'abaissement des tarifs chez eux par celui des nôtres, car nos colonies ont cessé d'y faire obstacle, et surtout employons-nous, au nom de l'Europe, à leur représenter qu'étant assez heureux pour n'avoir ni passé qui entrave, ni encombrement d'aucun genre qui oblige, avec leurs terres presque sans limites et presque désertes, ils doivent ne procéder à rien que largement, dans leurs larges données d'existence.

Deux élémens opposés sont constamment en présence dans toute l'Amérique du Sud : l'élément local et l'élément européen.

Autour du premier se groupent toutes les tendances stationnaires et rétrogrades, l'esclavage, la fermeture des fleuves, les systèmes restrictifs de toute espèce ; autour de l'autre, la colonisation, l'expansion dans tous les sens du bien-être agricole, industriel et commercial.

Que la France aide à faire triompher pour elle et pour l'Europe, pour l'Amérique surtout, la dernière de ces deux forces, une large place nous est acquise dans la prospérité commune. Mais que la force contraire vienne à prévaloir, et un nouvel élément, l'influence, et peut-être l'ingérence anglo-américaine, ne tardera pas à apparaître au milieu de la torpeur sociale, si ce n'est de l'anarchie, pour une rénovation complète, sans doute violente, et plus ou moins à notre exclusion comme à celle de l'Europe.

Rio de Janeiro, 23 décembre 1841.

Les affaires de la Plata, au point où la France y est engagée, ne peuvent qu'influer puissamment dans leur solution sur ses relations actuelles avec toute l'Amérique du Sud, particulièrement avec le Brésil ; et c'est à ce titre que je me permets d'y revenir, comme à un sujet digne de toute votre attention.

L'état de demi-abandon dans lequel nous laissons ces affaires depuis longtemps n'est plus tenable. Les livrer à elles-mêmes serait donner gain de cause aux tendances anti-européennes, contre lesquelles nous luttons depuis plus d'un quart de siècle, en nous déconsidérant outre mesure chez les peuples de l'Amérique du Sud.

On connaît assez la hauteur méprisante avec laquelle le gouvernement argentin traite les étrangers, quels qu'ils soient, voisins et autres ; la France et l'Angleterre seules lui imposaient par le prestige de leurs forces. Ce prestige évanoui, ses prétentions doivent ne plus connaître de bornes.

Que pourrait-il craindre en effet à l'avenir de ces deux puissances, si, au moment où tout favorise pour elles l'initiative, où tout la leur commande, elles s'abstiennent ? L'impunité est comme assurée d'avance à toutes les avanies.

Nos positions perdues, nos amis écrasés, notre dépopularisation américaine consommée et nos efforts par conséquent désormais sans bons résultats possibles, nous n'aurions plus qu'à nous tenir tranquilles pour longtemps.

Aujourd'hui nous avons encore des amis dans l'Amérique du Sud. Nous avons en notre faveur une ville puissante, qui résiste depuis plusieurs années, et qui, bien qu'aux abois, retrouvera toute sa force du moment qu'elle aura foi en nous.

Le Paraguay nous appelle et le Brésil ne pourrait que nous savoir gré d'une entreprise faite pour le préserver de catastrophes imminentes.

Nous pouvons donc compter encore sur un grand fond de coopération et de sympathie américaine dans une question d'intérêt politique européen et d'honneur français.

J'ai dit ailleurs qu'une expédition de 6,000 hommes y suffirait, et je le répète, il ne s'agit pas ici d'une guerre de conquête, mais d'une guerre de libération.

Que le territoire Montevideo soit rendu à lui-même, et l'Uruguay redeviendra une barrière que l'envahisseur ne pourra plus franchir, comme il ne l'eût jamais franchie si, dans le principe, les stations étrangères s'étaient opposées au passage.

Le triomphe de Montevideo est celui de nos idées : admission facile des étrangers, conditions favorables de résidence, colonisation prédominante, franchise et expansion du commerce, abolition graduelle du servage sous toutes ses formes dans tout le continent, tels sont les résultats plus ou moins prochains qu'on peut attendre de Montevideo libre et tranquille.

Commandant par sa position maritime une partie du littoral brésilien, pénétrant du côté de la terre par les fleuves jusqu'au cœur du continent, on ne saurait désirer un centre de propagande libérale mieux choisi, ni plus efficace à tous égards.

L'Amérique, lors de la découverte, s'est trouvée partagée entre les trois races française, anglaise et ibérique. Les fautes successives d'administrations infidèles aux traditions de Colbert nous ont fait perdre ce que nous y possédions, et aujourd'hui les nations d'origine espagnole, dominées par leurs tendances monarchiques, sont menacées de s'effacer aussi peu à peu devant la race empiétante qui, après avoir déjà absorbé les Florides, le Texas et une partie du Mexique, convoite ouvertement Cuba et ambitionne bien d'autres points encore.

Ainsi nous serions bientôt exclus de tout rôle actif dans l'Amérique si cette unité formidable qui se prépare n'était pressentie de loin par nous, et combattue d'avance quand elle peut l'être encore sans autres efforts que des collisions partielles et de peu de portée.

Nous devons, dans ce but, défendre toutes les Républiques sud-américaines existantes, les raffermir autant qu'il est en nous, mettre un terme, fût-ce par les armes, à leurs luttes intestines, et les ouvrir à l'afflux de notre immigration.

Nous n'avons plus de colonies, et il nous convient d'en chercher l'équivalent pour notre navigation et notre commerce dans l'assimilation à notre type, aussi voisine et aussi intime que possible, de quelques peuples qui sont déjà en rapport avec nous de goûts, de caractère et de besoins.

Notre population surabondante des villes est un mal auquel il faut un grand concours de remèdes, et nous ne saurions avoir pour elle trop de débouchés. L'Algérie en est un, mais qui ne suffit pas, et aucun point ne peut avoir plus d'avantages ni offrir plus d'attraits que l'Amérique du Sud, où, avec les terres les plus fertiles, sous les climats les plus sains, se trouve une population qui a besoin de l'industrie étrangère, qui consomme beaucoup, qui ne repousse pas et qui ne s'unira jamais du moins à l'ennemi extérieur, pour détruire les établissemens étrangers formés dans son sein.

Satisfaire ainsi un des grands besoins vitaux de la France, en reprenant l'œuvre que les vicissitudes des derniers temps ont interrompue à Montevideo, et contribuer à établir dans toute l'Amérique du sud, par le bassin de la Plata la force vive de colonisation européenne qui doit faire, avec sa prospérité, le bien-être commun, serait une digne préoccupation française du moment.

La République, par une entreprise semblab'e, inaugurerait, non sans éclat, sa politique d'action extérieure.

Rio de Janeiro, 8 janvier 1848.

J'ai l'honneur de vous remettre, jointe ici, une brochure sur le Paraguay dont l'auteur est M. Gelly, chargé d'affaires de cette république au Brésil.

M. Gelly est d'origine française; le lieutenant général français de ce nom est son parent; son père, qui est allé très jeune s'établir au Paraguay, était des environs de Montbéliard.

M. Gelly montre, au nom de son gouvernement, les dispositions les plus favorables à la France. Il a déjà recruté à Rio de Janeiro quelques industriels français qui doivent se rendre à l'Assomption prochainement.

Le Paraguay, menacé par le gouvernement actuel de Buenos-Ayres, qui prétend l'incorporer à la Confédération Argentine comme fraction de l'ancienne vice-royauté de la Plata, fait cause commune avec Montevideo et sympathise avec nous, d'autant plus qu'actuellement il compte peu sur le Brésil.

Il suffirait donc, pour nous l'attacher tout à fait, de quelque manifestation amicale de notre part.

J'ai déjà exprimé ailleurs mon opinion sur la convenance de l'envoi par la France d'une mission diplomatique au Paraguay.

Permettez-moi, monsieur le ministre, de revenir sur cette idée, et de la recommander particulièrement à votre attention qu'elle mérite, suivant moi, de fixer. La réalisation en aurait de l'éclat et de la grandeur.

Elle contribuerait puissamment à nous faire une bonne position américaine.

Les États limitrophes du Paraguay, toute la partie de la Confédération Argentine qui l'avoisine, la Bolivie, le Brésil surtout, nous en sauraient gré.

La tyrannie du docteur Francia, cette longue oppression dont la brochure de M. Gelly fait un tableau d'autant plus frappant que les couleurs en sont plus simples, a pesé sur le Paraguay sans qu'aucune puissance ait seulement songé à lui. Aujourd'hui qu'un danger du même genre, plus grand encore, puisque alors l'indépendance nationale était garantie, le menace, après que le pavillon tricolore l'a visité, la France ne peut moins faire que de lui donner une marque d'intérêt, et agir autrement serait manquer en quelque sorte à un devoir que tous nos antécédens nous imposent.

L'éloignement n'y serait qu'une excuse insuffisante, et une distraction de la France à cet égard serait fâcheuse, ainsi que la temporisation.

La République s'honorera par une décision dans ce sens, généreuse et prompte.

Rio de Janeiro, 12 janvier 1849.

Il s'est établi une ligne de bateaux à vapeur américaine entre New-York et Saint-Francisco de Californie, passant par Rio-Janeiro et Valparaiso. Chaque mois un bâtiment de cette ligne touche à Rio-Janeiro.

Comme j'ai déjà eu l'honneur d'en informer le département, une compagnie de capitalistes américains sollicite depuis quinze mois du gouvernement brésilien, sous le patronage de la légation américaine, un privilége pour la navigation exclusive de l'Amazone, le cours de ce fleuve devant être, d'après le projet, relié par quelques travaux de canalisation à celui du Paraguay, de manière à communiquer avec l'Océan par la Plata.

La maison Brook, Belford et Lemaire, de Londres, vient d'obtenir, dit-on, du gouvernement anglais une subvention de 22,000 liv. sterl. par an, pour organiser au moyen de vapeurs un transport régulier entre l'Angleterre et le Brésil, avec un départ chaque mois de Liverpool, touchant à Madère, Ténériffe, Fernambouc et Bahia à l'aller, et au retour à ces deux derniers points seulement.

On pense que l'entreprise pourra être en voie d'exécution à la fin de l'année.

L'idée de vapeurs transatlantiques avait d'abord été celle du gouvernement français, et il est regrettable qu'elle ne se soit pas réalisée.

L'appel au temps, du reste, est permis dans l'Amérique du Sud, et l'urgence en tous cas n'y est pas là pour nous aujourd'hui.

La position de la France à Montevideo peut et doit être actuellement l'objet de toute son attention : d'autant plus que le gouvernement de la République peut développer tout à coup cette position par un à-propos énergique, non seulement avec honneur au point de vue des antécédens, mais encore avec beaucoup de gloire présente, et de profit à venir.

D'assez grands achats d'armes ont eu lieu à Rio-Janeiro au nom du gouvernement paraguois.

Ces armes doivent passer par la province de Rio-Grande.

Le ministre de Buenos-Ayres ici ne cesse de protester inutilement contre ce qu'il appelle des infractions à la neutralité de la part du Brésil vis-à-vis de son gouvernement.

Plus j'étudie la question de la Plata au point de vue français, et plus je me confirme dans l'idée première que je m'en étais faite.

Tant que la France n'y aura pas complété l'initiative qu'elle y a prise, tout y sera pour elle embarras.

Aussi longtemps que l'on verra quelques canons français sur la rade de Montevideo couvrir la ville et l'empêcher d'être prise, l'opinion publique américaine restera en suspens et sa sentence sera ajournée. Mais aussitôt qu'on aura eu notre dernier mot dans l'affaire, notre déconsidération commencera; et le sort de nos nationaux dans la Plata ne dépendra plus que de la longanimité de l'homme que nous bravons depuis six ans.

On ne saurait trop répéter que la question est devenue une question d'honneur comme elle en a toujours été une, d'intérêt des plus graves, et le gouvernement français ne peut pas l'abandonner.

La distance et la mésinterprétation en grossissent les difficultés bien au-delà du vrai, les dangers y sont plus apparens que réels, ils sont de ceux que la prudence fait affronter en vue des avantages qui en sont la contre-partie.

On parle de 60,000 hommes que le gouvernement de Buenos-Ayres peut avoir à mettre sous les armes. Il a peut-être en effet ce nombre de soldats, mais ils sont disséminés sur un territoire immense qu'il a besoin de tenir comprimé sur tous les points, et jamais il n'a pu en réunir plus de 12 ou 14,000.

Ces soldats sont braves sans doute, mais les Mexicains le sont aussi, et quelque nombreux que fussent ces derniers, ils n'ont pu résister à un faible ensemble de troupes disciplinées, qui les a poussés devant lui jusque par delà leur capitale. L'armée américaine était comparativement moins forte que ne le serait un corps de 6,000 Français dans la Plata; ceux-ci d'ailleurs combattraient sur un sol ami, et il ne s'agirait pour eux que de rejeter l'envahisseur de l'autre côté d'un fleuve, à courte distance du bord de mer accessible lui-même aux escadres, et dont la seule occupation par quelques bâtimens armés forcerait presque d'elle-même l'ennemi à la retraite.

Une expédition vive et prompte de six mille hommes a toutes les chances de réussite en sa faveur. Montevideo l'attend avec une forte garnison ; telle est la base d'opération, le point de départ. Les pays limitrophes, le Brésil, le Paraguay, sont favorables à l'entreprise, et elle serait vue avec plaisir par plusieurs parties du territoire argentin lui-même, Corrientes entre autres, qui demande depuis longtemps la liberté des fleuves.

La ligne de l'Uruguay une fois atteinte, on doit s'arrêter. Le territoire montevidéen n'a pas besoin de s'étendre sur la confédération Argentine, non plus que celle-ci déborder sur lui, et la guerre défensive peut être alors organisée s'il le faut. Un appel dans ce sens serait entendu. Beaucoup d'étrangers, brésiliens et autres, opprimés de toute manière dans la campagne où ils sont établis, y répondraient, et les nationaux ne tarderaient pas à se rallier à la force auxiliaire venue pour assurer l'indépendance du pays, prête à s'en retirer aussitôt que cette indépendance serait consolidée.

Mais si les troupes argentines se portaient alors contre le Paraguay, la France ne serait-elle pas obligée de renoncer à ce système de guerre purement défensive pour le secourir ?...

Dans cette double supposition, il n'est pas douteux que le Brésil, ayant sa frontière du sud assurée, prendra fait et cause pour le Paraguay ; et les troupes aguerries dont il dispose au sud, et l'excellente cavalerie de Rio-Grande suffiraient du reste avec l'armée paraguayenne pour repousser aussi de ce côté l'invasion.

Le Brésil sait qu'il a tout à craindre de la confédération Argentine gouvernée comme elle l'est actuellement, et ne peut pas souffrir qu'elle prenne pied en quelque sorte chez lui, en absorbant le Paraguay ; et il défendra l'existence politique de ce pays les armes à la main dès qu'il verra se traduire en fait la prétention, jusqu'ici restée à l'état de théorie, de l'identité de ce même pays avec la confédération Argentine.

Un des derniers ministères brésiliens, qui voulait contracter alliance avec elle, ce qui était en d'autres termes lui abandonner le Paraguay, a été condamné par l'opinion publique et destitué par le souverain.

Tels sont donc les alliés américains que nous aurions pour nous : le Brésil et le Paraguay, et une coopération active de ces deux nations avec nous assurerait à la France une large part d'influence à venir dans l'Amérique du Sud.

Son rôle actuel y serait d'autant plus beau, qu'il ne se trouverait en contradiction avec l'intérêt réel d'aucun pays, pas même de la confédération Argentine, et au contraire quel plus grand service pourrait-on rendre à Buenos-Ayres que celui de la jouissance facultative des avantages naturels de sa position au bas de deux fleuves qui servent de communication à trois puissances différentes, et qui n'ont besoin que d'être libres pour devenir un des centres de navigation les plus actifs du monde.

Il s'agirait ici avant tout de rendre le repos à plusieurs nations à la fois, de comprimer les élémens anarchiques développés ou prêts à se développer chez elles, et d'y faire triompher les doctrines de liberté et de progrès pour elles et pour l'Europe.

L'Angleterre, dont les griefs contre le gouverneur Rosas augmentent sans cesse, ne peut que participer avec nous à l'œuvre, comme elle l'a déjà fait, ou rester neutre. Mais en tous cas ses temporisations dans la question ne devraient pas réagir sur nous, et une détermination spontanée de notre part (ce qui convient sous tous les rapports), est le parti le plus sûr, en un mot, le plus honorable.

Les peuples descendant des Espagnols et des Portugais n'occupent que par groupes disséminés de loin en loin l'immense et fertile pays dont ils disposent. L'espace entre ces groupes est désert, et la France peut y envoyer sa population surabondante. Déjà dans l'Amérique du Nord les rangs commencent à se serrer, et la race anglaise d'ailleurs nous y absorbe.

Il n'en est pas de même des races méridionales.

La France, au point de civilisation où elle est parvenue, éveillant de plus en plus dans ses populations le sentiment et le besoin du bien-être, est tenue d'y satisfaire ; et ce n'est que dans une vaste expansion au dehors qu'elle trouvera sa tranquillité au dedans.

L'Angleterre et les États-Unis s'étendent constamment, et leur prospérité intérieure y gagne.

La France peut prendre exemple sur ces nations et conseil d'elle-même, en se rappelant le temps de Colbert. Les deux dernières administrations antérieures à la république ont donné comme préoccupations glorieuses à l'activité de la nation la Grèce et Alger ; une œuvre plus belle encore, peut-être, s'offre à la République dans l'Amérique du Sud.

Rio de Janeiro, 30 janvier 1849.

Le départ du vapeur de guerre français le *Cocyte*, qui se rend après demain à Montevideo, m'offre une occasion que je désirais depuis longtemps de faire un court voyage vers ce point.

J'aurai l'honneur de vous soumettre prochainement les renseignemens que j'aurai pu recueillir dans mon voyage.

Nous venons d'apprendre que l'amiral Le Prédour s'était rendu à Buenos-Ayres et que les négociations recommençaient.

Mais nous avons reçu aussi en même temps que cette nouvelle le message du gouverneur Rosas aux représentans du pays, et dans ce message sa pensée vis-à-vis de la France et de l'Angleterre est trop nettement exprimée pour ne pas croire que les négociations nouvelles demeureront, comme les autres, sans résultat.

Je ne puis finir sans me permettre de vous entretenir d'un incident dont je viens d'être informé. Des lettres de change tirées sur le trésor par les agens français dans la Plata, en acquittement des subsides accordés à Montevideo par la mission de M. Gros, n'ayant pas été acceptées, sont revenues ici et à Montevideo avec protêt. Circonstance vraiment regrettable pour notre crédit et notre dignité à l'extérieur.

Rio de Janeiro, 30 janvier 1849.

Monsieur le Ministre,

Honoré des fonctions d'agent de la France dans le pays le plus important de l'Amérique du sud, à une époque où la France y intervient, par la force même des choses, dans des questions graves et de long avenir, je croirais manquer à mon devoir, si je ne vous rendais un compte sincère et loyal, par la voie la plus sûre, de ce que l'étude consciencieuse des intérêts qui m'étaient confiés a pu m'en apprendre, et je me suis décidé à vous adresser par l'attaché même de cette légation quelques dépêches spéciales sur des questions dont la solution la plus prochaine possible est désirable au plus haut degré.

Rio de Janeiro, 19 mars 1849.

J'ai déjà eu l'honneur de vous rendre compte de l'excursion que j'entreprenais dans la Plata et j'en ai expliqué le motif.

Je viens de passer un mois à Montevideo, le manque d'occasion pour Rio-Janeiro m'y ayant retenu plus long-temps que je ne le voulais.

Je me suis cru là dans une ville française, car je me trouvais au milieu d'une population composée en partie de compatriotes : sur 22,000 habitans, 10,000 sont Français.

J'ai vu parmi cette population des souffrances qu'aucune parole ne peut rendre, la ville lutte depuis six ans contre un adversaire non moins opiniâtre qu'elle, et il n'y a pas de jour où quelqu'un de ses défenseurs ne tombe sous le fer ou le feu de l'ennemi. C'est ce qu'attestent les états que je joins ici, relevés sur les registres de l'hôpital de la légion française, pièces dignes d'une sérieuse attention ; car il en résulte que la légion française, qui s'est toujours maintenue dans le chiffre de quinze cents à deux mille hommes, a eu annuellement cinq à six cents hommes hors de service, blessés, ou malades par manque de vêtemens ou de nourriture. Ces malheureux compatriotes, quoi qu'on ait pu dire d'eux, ont supporté avec une résignation digne de sympathie toutes les misères du siége ; ils ont été admirables de dévoûment, j'ajouterai de patriotisme, et j'en ai vu qui, mutilés sur leurs lits de douleurs, me demandaient les larmes aux yeux s'il était vrai que la France les abandonnât, eux qui depuis si longtemps défendaient contre la barbarie l'honneur national.

Un armistice est intervenu pendant que j'étais dans la Plata.

D'après cette convention provisoire faite sur les bases de celle de M. Hood (où la question de la navigation des fleuves et celle des indemnités dues à nos nationaux sont écartées), le désarmement des légions aurait lieu en même temps que le retrait des troupes étrangères, et il serait ensuite procédé à l'élection du président. Je ne prendrai pas sur moi d'apprécier la portée de cet acte, mais les résultats en semblent plus que douteux. Montevideo y voit sa défaite, le triomphe complet de la cause Argentine ; et en effet la formalité de l'élection du président n'a rien que d'illusoire : elle n'est en d'autres termes que la remise pure et simple du pouvoir entre les mains du général Oribe.

Une fois les légions étrangères désarmées, les Orientaux restant à Montevideo s'y trouveront sous le coup d'une compression morale qui neutralisera leur libre arbitre devant le vouloir d'Oribe présent et du gouverneur de Buenos-Ayres prêt à faire reparaître ses troupes. Le président est donc tout nommé d'avance.

La devise ou légende : « Mort aux sauvages unitaires, » est synonyme de : « Mort aux vaincus. » Tout le monde le sait, les promesses faites en sens contraire commentées par les antécédens qui existent n'ont rien qui rassure, et pour ne parler ici que de nos nationaux, ils n'ignorent pas ce dont au reste le général Oribe ne se cache pas lui-même, que son intention, aussitôt qu'il aura le pouvoir, est de tenir ses gouvernés, les étrangers surtout, sous une main de fer. La vengeance arrivera dès que l'escadre française sera éloignée.

Il est donc peu probable que des hommes compromis qui ont encore es armes à la main les déposent dans une expectative pareille, pour se mettre sans défense à la merci de semblables maîtres. Probablement ils n'en feront rien (telle est au moins l'opinion de plusieurs négocians avec lesquels j'en ai conversé), et on croit qu'ils préféreront tout à cet abandon d'eux-mêmes.

Que fera alors la France ? emploiera-t-elle la force contre un parti qu'elle a soutenu jusqu'à présent, qu'elle a peut-être formé, contre des hommes qu'elle a menés là où ils sont.

Je suis parti de Rio-Janeiro avec des opinions arrêtées sur Montevideo ; mais ces opinions, après avoir été sur les lieux, sont devenues des convictions.

Une expédition française de six mille hommes peut déloger Oribe des positions qu'il occupe et rendre la bande orientale à elle-même.

Le pays peut être facilement préservé ensuite de toute invasion nouvelle.

La force du gouverneur de Buenos-Ayres avec son prestige peut au moindre revers tomber instantanément.

Il me semble, plus que jamais, que l'affaire de Montevideo est désormais pour nous une affaire d'honneur, c'est-à-dire une cause souverainement juste, et qu'abandonner le terrain de la manière où nous y sommes posés, nous effacer aujourd'hui en alléguant l'obligation ou la convenance pour nous d'économie d'argent ou d'hommes, sera considéré par nos ennemis et par nos amis comme un acte de faiblesse qui nous amènera infailliblement tôt ou tard d'autres collisions, là ou ailleurs, plus fâcheuses encore : collisions cette fois stériles et presque à coup sûr sans gloire ni profit. Nous opérons maintenant, au contraire, sur une des initiatives les plus fécondes qu'un grand pays puisse avoir dans les mains.

L'existence de deux Etats, Montevideo et le Paraguay, dépend de ce que nous allons faire. Le pays le plus fertile et le plus propre à une colonisation immédiate, arrosé par de magnifiques rivières, d'un climat admirable et presque inhabité, s'offre à nous au moment où nous avons besoin d'un but d'émigration, d'une terre lointaine et attrayante qui ne soit pas colonie pour y déverser un trop plein de population qui nous tourmente, comme la France en était tourmentée après les guerres de religion et avant Colbert : ce pays se donne en quelque sorte à nous malgré nous-mêmes, il veut par nous l'ordre et la paix, il demande que nous l'arrachions au régime du couteau et de l'expropriation arbitraire, tradition du temps des premiers conquérans sud-Américains.

L'Europe nous y confie la défense de sa cause qui est celle de la civilisation en lutte avec la barbarie locale ; cette lutte a commencé par nous, et il semble impossible que la France actuellement y renonce par un sauve-qui-peut, sous un tel enlacement d'obligations prises et sous un tel réseau de devoirs à accomplir.

Je sais ce que l'Angleterre doit être dans cette cause, qui, malgré les allégations vénales de quelques-uns de nos journaux, est toute française ; mais l'Angleterre n'a pas non plus à exiger de nous plus que notre honneur ne permet de lui accorder ; et il est à croire qu'une déclaration ferme et amicale dans ce sens, avec l'invitation de se joindre à nous, si telle est sa volonté, suffirait pour passer outre sans chance de rupture avec elle, d'autant que ses intérêts dans la question peuvent être d'un moment à l'autre compris par elle autrement qu'ils ne semblent l'être.

Les Etats-Unis qui ont déjà absorbé à ses yeux le Mexique s'avancent à grands pas sur le reste de l'Amérique, et cette pression sans contrôle qu'ils y font sentir de plus en plus ne convient à aucune nation moins qu'à l'Angleterre. Ce n'est pas d'ailleurs une conquête que la France ferait là pour elle, ce ne serait qu'un vaste rendez-vous d'émigration à l'usage commun de l'Europe qu'elle y ouvrirait, et il demeurerait facultatif à l'Angleterre, comme à l'Allemagne, comme à tous les Etats européens, d'y envoyer ses masses d'émigrans.

Mon voyage à Montevideo avec le général Pacheco a eu pour causes :

L'effet que la nouvelle des négociations entamées par la France avec Buenos-Ayres a produit ici :

La France est solidaire au Brésil de son action sur la Plata, de quelque manière que cette action s'y exerce : le contre-coup en est immédiat.

J'ai étudié, et à Rio de Janeiro et sur les lieux, la question de Montevideo à plusieurs reprises, avec l'impartialité la plus sincère et en faisant la part de ce qu'y pouvait mettre de passion mon dévouement pour mon pays.

J'en suis toujours arrivé au même résultat.

De quelque manière que mes actes soient jugés et quelque tournure que prennent les événemens, ma conscience me dira toujours que j'ai adopté la ligne de conduite qui convenait à la dignité nationale.

Rio de Janeiro, le 8 avril 1849.

Une altercation grave survenue entre M. Hélie, consul de France à Fernambouc, et le président de la province Tosta, jette pour le moment quelques complications dans nos rapports avec le gouvernement brésilien.

Une visite domiciliaire pour recherches et investigations de la part de l'autorité brésilienne sans assistance du consul français, contrairement aux dispositions de l'article 6 du traité entre la France et le Brésil, eut lieu le 7 février, chez un négociant français, le sieur Lahautière.

M. Hélie avait réclamé le 15 auprès de M. le président de la province à l'égard de l'acte pratiqué par M. Lahautière, et le 5 mars il n'avait pas encore reçu de réponse; il écrivit de nouveau, et dès lors commença entre eux une correspondance conçue en termes équivalens à une rupture de toutes relations de service.

Aussitôt que j'eus connaissance de ce qui s'était passé, je m'empressai de faire à M. Olinda les représentations verbales convenables. Il m'assura que rien n'était plus éloigné de la pensée du gouvernement brésilien que de porter atteinte au traité français, que M. Hélie n'avait pas assez largement fait la part de l'état anormal de la province et des embarras du Président; qu'au reste il désirait nous épargner ici à ce sujet toute discussion désagréable dans les termes où nous étions, et que les faits allaient être exposés au gouvernement français par le ministre brésilien à Paris.

La légation a souvent rendu compte au département des dispositions du Brésil dans ses relations officielles avec nous. Le traité entre la France et le Brésil, auquel la France attache justement une haute importance, comme il résulte de la dépêche ministérielle que j'ai reçue, en date du 9 septembre, est en butte aux attaques violentes du parti du mouvement, et le parti opposé, le ministère actuel, et tout l'élément politique dont il est l'expression, si éloigné, quant au reste de toute concession à l'égard de ses antagonistes, répugnerait peu à se rapprocher de lui sur ce terrain. Là il est assez disposé à courtiser la passion populaire. Tel est le point de vue sous lequel il faut malheureusement considérer ce qui vient de nous arriver à Fernambouc.

La pensée intime des peuples du Brésil et de la confédération Argentine est hostile aux étrangers collectivement, et la susceptibilité nationale est sous ce rapport fâcheusement exagérée. Ce mauvais instinct retarde dans ces pays la civil'sation, et il y circonscrit le progrès au littoral et aux grandes villes, où l'intérêt étranger se couvre par lui-même d'une protection puissante.

Il entrave enfin partout le développement du bien-être commun.

Cet esprit étroit de localité en veut aux nationalités d'Europe, il prend alors facilement le caractère de passion, et il est partout le même, parmi les classes peu éclairées ou mal éclairées, comme dans les positions sociales élevées, où l'ambition d'ailleurs ne l'exploite que trop souvent.

La convention du 29 octobre 1840, entre la France et Buenos-Ayres, n'a fait que le formuler et s'en rendre l'expression dans le passage (article 6) où elle dit :

« Nonobstant ce qui est stipulé dans l'article précédent, si le gou
» vernement de la confédération Argentine accorde aux citoyens ou
» naturels de tout ou partie des États de l'Amérique du Sud des droits
» spéciaux civils et politiques plus étendus que ceux dont jouissent
» actuellement les sujets de toutes et chacune des nations amies et neu
» tres, même les plus favorisées, ces droits ne pourront être étendus
» aux citoyens français établis sur le territoire de la république ni être
» réclamés par eux. »

Cet échantillon d'habile adulation sud-américaine, cet appel à un sentiment commun sud-américain dont il est simplement la révélation, suffit pour faire juger de l'impatience avec laquelle est porté par le Brésil un traité qui nous donne de sa part des prérogatives exceptionnelles en dehors de tous les autres peuples, et surtout de ceux qu'on regarde comme frères, en ce sens au moins qu'ils appartiennent au même continent.

Une lutte effective est engagée actuellement dans la Plata entre les deux principes, l'un hostile, l'autre favorable à l'agrégation étrangère et européenne; et si le premier y triomphe, nous finirons infailliblement aussi par voir tomber notre traité avec le Brésil, et à sa place surgir peut-être une guerre, conséquence de sa rupture, dans l'intérêt de notre honneur, guerre qui serait la ruine complète de nos établissemens industriels, agricoles et commerciaux au Brésil.

Nous ne pouvons empêcher cette guerre, qui ne saurait être que désastreuse, qu'en en terminant vite et bien une autre déjà existante, celle de Montevideo, dont la prolongation d'ailleurs, ou la terminaison incomplète expose à d'autres catastrophes d'autres intérêts français non moins importans.

J'ai déjà dit souvent que tout ce que nous faisions dans la Plata avait un contre-coup certain et prompt au Brésil ; et ainsi la dernière, la plus sensible des manifestations de notre politique dubitative dans la Plata, le renouvellement des négociations avec Buenos-Ayres, a produit ici, dans les dispositions à notre égard et à l'égard de l'Europe, un effet immédiat qu'une de mes précédentes dépêches a signalé. Ce qui nous arrive à Fernambouc en est le commentaire ; il n'a pas tardé. L'Angleterre au moins est soupçonnée d'arrière-pensées, dans la méfiance qu'elle inspire, et on attribue à un calcul de perfidies occultes le peu de soin qu'elle a, en face du monde, de sa dignité nationale : mais on ne nous fait pas même ce triste honneur ; une mésinterprétation plus franche nous atteint, et pour trancher le mot la déconsidération gagne en Amérique le peuple français.

Je serais faible, je serais indigne du poste auquel j'ai été appelé si je ne m'exprimais pas avec ce dévoûment, et si je ne d'sais pas la vérité entière.

Voici donc toute ma pensée sur l'ensemble de la position et sur le détail nouveau de Fernambouc.

M. Hélie a montré sans doute une honorable énergie à revendiquer nos droits violés, et il a justement protesté contre l'infraction de notre traité méconnu.

Il ne m'en paraîtrait pas moins convenable d'éviter d'en faire une question compromettante et sérieuse avec le Brésil.

Et il n'y aurait pas ici faiblesse ni condescendance exagérée sujette à mésinterprétation, mais simple longanimité envers un gouvernement ami, aux prises avec une insurrection puissante, si une expédition française partait immédiatement pour Montevideo et y allait comprimer, c'est-à-dire détruire pour jamais, là et dans toute l'Amérique du Sud, la tendance rétrograde qui s'y manifeste sans cesse et à tout propos, et se traduit au Brésil en agressions toujours nouvelles contre notre traité.

Il n'est pas besoin d'ajouter que nous avons encore notre action pleinement libre dans la Plata. Notre situation n'y a pas changé, et aucune convention, même à titre de préliminaires de paix, n'y a été sérieusement conclue jusqu'à présent. Le bruit en avait couru, mais les nouvelles les plus récentes de la Plata représentent le gouverneur de Buenos-Ayres comme continuant son jeu ordinaire de temporisation ironique sans résultat ni prévu ni probable avec les agens de la France et de l'Angleterre.

Un acte décisif sur un point où nous avons la guerre est une mesure sage pour en prévenir ailleurs l'éventualité.

Rio de Janeiro, 10 avril 1849.

Les journaux annoncent qu'une maison de Rio de Janeiro, Hobkirk, Weetman et compagnie, vient de conclure pour le gouvernement de Montevideo un emprunt de 15 millions de francs (3 millions de piastres fortes) au taux de 60 pour 100, les intérêts à 6 pour 100 payables à Londres, à Paris et à Montevideo.

On dit que la part de la place de Rio de Janeiro dans cet emprunt est d'à peu près 300,000 piastres. Tous les coupons d'actions ne seraient pas encore placés.

Cet incident a surpris parce qu'il était comme en contradiction avec d'autres nouvelles antérieurement reçues de la Plata, et indiquant l'intervention française comme prête à finir, ainsi que l'intervention anglaise, le gouvernement de Montevideo se trouvant ainsi à l'agonie. On n'y ajoute donc que peu de foi. On dit que les capitalistes européens qui avaient pu y donner leur signature à une époque où l'envoi d'une expédition française dans la Plata était probable, ne donneront pas leurs fonds dans les circonstances actuelles, et que toute l'opération se réduira ainsi à un manége de bourse sans résultat.

Il est vrai que la maison anglaise Hobkirk, Weetmann et compagnie, qui négocia l'emprunt, est une maison sérieuse et recommandable, et que par conséquent il doit se trouver ici au fond quelque chose d'effectif. Mais les mésinterprétations s'attachent au nom du principal agent, jusqu'alors chargé du placement, M. Buschental, homme à vie agitée et à expédiens financiers, qui s'est créé dernièrement en Espagne une assez haute position, après s'en être improvisé une aussi à Rio de Janeiro précédemment et l'y avoir perdue par une large faillite.

Quoi qu'il en soit du plus ou moins de mérite de l'emprunt comme réalisation future, le fait, puisqu'il existe, n'en est pas moins remarquable en lui-même ; Montevideo est dans un dénuement à faire pitié ; les privations de tout genre qui s'y font sentir ne se supportent que par une longue habitude de courage.

L'alimentation est insuffisante ; car on doit suppléer par la pêche au manque de viande et de farine qu'on ne peut acheter, l'argent fait défaut jusque dans les moindres détails aux particuliers comme au gouvernement ; en un mot, l'Etat financier est désespéré, et la possibilité seule d'un emprunt de 15 millions, en pareille circonstance, ne peut être que la preuve de l'intérêt puissant qui s'attache à la cause montévidéenne.

En effet, les sympathies populaires d'Europe et d'Amérique ont toujours soutenu cette cause, malgré tout ce qu'on a fait pour leur donner le change et les en détourner, malgré la force, ou pour mieux dire, la toute-puissance des ressorts habilement employés dans ce sens. Le commerce surtout, expression de la civilisation actuelle, y a toujours adhéré profondément, et y a toujours vu, comme il y voit encore, une question vitale pour lui, celle du maintien local et de la propagande sud-américaine des doctrines libérales qui font son bien-être. La place de Montevideo s'est organisée commercialement sur les meilleures données de la science économique moderne ; les obstacles que les bons rapports internationaux éprouvent partout ailleurs, dans l'Amérique du Sud, de la part des administrations fiscales, n'y existent plus, une compagnie de négocians étrangers y a la direction des douanes ; les tendances du pays sont toutes pour les franchises du commerce et de la navigation, et un régime plus large encore que celui qui existe apparaît dans un avenir prochain.

Il ne s'agit maintenant que de savoir si ce régime survivra à la crise présente pour se développer encore et se féconder, là et ailleurs, dans l'Amérique du Sud, ou s'il sera remplacé plus ou moins prochainement là et ailleurs, par le système ancien de compression, de servitude et d'avanie.

La France même, avant d'être république, a donné de tels gages de libéralisme montévidéen qu'on ne peut que regretter aujourd'hui de la voir reculer, après le gant jeté ; on devrait en être surpris, en tout état de choses et quoi qu'il en pût advenir. Mais il y a lieu de s'en étonner encore plus ici avec le peu de difficulté réelle que lui offre l'entreprise ; car il ne s'y agit que de repousser, au nom de l'indépendance territoriale, un petit nombre d'envahisseurs mal campés sur un territoire à fortes limites naturelles et stratégiquement faciles à défendre ; et un excédant de population chez nous, une exubérance d'activité inquiète dans les masses cherchant issue, y sont des instrumens tout prêts, que nous devrions nous estimer heureux d'y pouvoir mettre à l'œuvre.

Il faut donc se demander ce qui arrête la France dans l'initiative à moitié prise. Ce ne peut être la crainte d'une répulsion américaine, d'une révolte du sentiment américain contre nous.

Une grande nation de l'Amérique du Sud, la nation Paraguayenne, plus populeuse que celle dont une fraction turbulente tourmente depuis tant d'années tous les pays environnans, fait dépendre en grande partie de notre action toute son existence politique.

Qui peut douter que la confédération Argentine elle-même comprimée depuis si long-temps n'ait de puissans élémens de réaction prêts à se mouvoir encore au besoin dans le même temps que nous ?

Nous pouvons demander au Brésil sa coopération, et nous sommes sûrs au moins d'avoir de lui une neutralité bienveillante.

Que la France déclare ses vues désintéressées en agissant, et les Américains du Nord n'y trouveront rien à dire, d'autant plus que la France républicaine a d'autres droits auprès d'eux que la France monarchique ; ils le sentent et le déclarent.

J'ai conversé, monsieur le ministre, avec beaucoup de citoyens des États-Unis sur nos affaires de la Plata, et je dois le dire, ils en sont presque aux regrets qu'avec une forme de gouvernement analogue à la leur, la France montre tant d'hésitation dans une cause où elle a eu tant de ses citoyens sacrifiés, où elle en a des milliers encore sur la brèche, où elle a enfin son honneur engagé.

Dans cet accord, l'Angleterre ne fera pas dissonnance. Il lui est libre d'ailleurs d'entrer dans l'action avec nous, et dès-lors tout inconvénient qu'elle en pourrait craindre pour elle est neutralisé. Emigration, commerce, exploitation des richesses de tant de magnifiques pays encore vierges, tout y est devant elle aussi bien que devant nous.

Aimerait-elle mieux que les Etats-Unis s'y implantassent ?

Il n'y aurait inconvenance ni inconséquence pour Montevideo, il n'y aurait pas inopportunité de sa part de s'offrir aux Etats-Unis de quelque manière que ce fût. Les Etats-Unis s'y seraient peut-être refusés plus tôt ; mais ils embrassent aujourd'hui tout le contour de l'Amérique du Sud dans un mouvement incessant de bâtimens à voiles et à vapeur chargés d'émigrans de tous les points de leur territoire, et rien ne serait plus commode que d'avoir une pareille relâche en route, rien ne leur serait aussi plus avantageux, car de là en s'internant, ils ne tarderaient pas à découvrir quelque autre Californie dans cette profondeur d'admirables terres, certainement inépuisables aussi en richesses métalliques comme en richesses agricoles et avec lesquelles on communique par ces grands cours d'eau qui ont été déjà pour notre marine l'objet d'un juste tribut d'admiration. Enfin rien ne leur serait plus facile, car leur pavillon, en passant sur les rivières à côté de celui du Paraguay, y réduirait la politique étroite du gouverneur actuel de Buenos-Ayres au silence et au néant. Le Brésil ne leur ferait pas obstacle, l'Angleterre les laisserait agir comme ella a fait au Mexique, et le général Rosas perdrait vite la prétention d'empêcher le Paraguay d'exister, et Montevideo d'être libre.

Il est fâcheux que la France persiste à vouloir écarter d'elle l'honneur d'un si haut fait, le plus grand peut-être que le monde offre actuellement à accomplir, l'initiation du centre de l'Amérique Sud à la civilisation. Une œuvre si belle à tous égards n'a que peu de difficultés pour elle. Ses moyens y surabondent, et s'il n'y avait que l'obligation de dépenser quelques millions qui pût y mettre empêchement, il faudrait lui dire que jamais argent n'aurait été plus fécondément placé, que jamais avance pécuniaire n'aurait été faite à plus gros intérêts.

Le développement de la considération de la France à l'étranger, surtout en Amérique, entraîne avec lui, comme forcément, le développement de son commerce ; c'est une double action dont l'une est intimement liée à l'autre.

La gloire finit toujours par se résumer en bénéfices commerciaux.

HOPITAL DE LA 2ᵉ LÉGION DE LA GARDE NATIONALE

(Légion française).

Mouvement des malades pendant l'année 1843.

ENTRÉS.		SORTIS GUÉRIS.		MORTS.	
Blessés.	Fièvreux.	Blessés.	Fièvreux.	Blessés.	Fièvreux.
181	156	133	120	25	21
337		253		46	

Le chirurgien en chef,
Signé : **Brunel.**

L'économe administrateur,
Signé : **Bajac-**

HOPITAL DE LA 2ᵉ LÉGION DE LA GARDE NATIONALE

(Légion française).

Mouvement des malades pendant l'année 1844.

Exist. au 31 déc. 1843.		ENTRÉS.		SORTIS GUÉRIS.		MORTS.	
Blessés.	Fièvreux.	Blessés.	Fièvreux.	Blessés.	Fièvreux.	Blessés.	Fièvreux.
23	15	286	343	178	181	82	41
38		629		359		123	

Le chirurgien en chef,
Signé : **Brunel.**

L'économe administrateur ,
Signé : **B ajac.**

HOPITAL DE LA 2e LÉGION DE LA GARDE NATIONALE

(Légion française).

Mouvement des malades pendant l'année 1845.

Exist. au 31 déc. 1844.		ENTRÉS.		SORTIS GUÉRIS.		MORTS.	
Blessés.	Fiévreux.	Blessés.	Fiévreux.	Blessés.	Fiévreux.	Blessés.	Fiévreux.
49	36	180	256	149	240	42	21
85		436		389		63	

Le chirurgien en chef,
Signé : **BRUNEL.**

L'économe admintstrateur,
Signé : **BAJAC.**

HOPITAL DE LA 2e LÉGION DE LA GARDE NATIONALE

(Légion française).

Mouvement des malades pendant l'année 1846.

Exist. au 31 déc. 1844.		ENTRÉS.		SORTIS GUÉRIS.		MORTS.	
Blessés.	Fiévreux.	Blessés.	Fiévreux.	Blessés.	Fiévreux.	Blessés.	Fiévreux.
38	31	242	284	218	261	43	22
69		526		479		65	

Le chirurgien en chef,
Signé : **BRUNEL.**

L'économe administrateur,
Signé : **BAJAC.**

HOPITAL DE LA 2ᵉ LÉGION DE LA GARDE NATIONALE

(Légion française).

Mouvement des malades pendant l'année 1847.

Exist. au 31 déc. 1846.		ENTRÉS.		SORTIS GUÉRIS.		MORTS.	
Blessés.	Fiévreux.	Blessés.	Fiévreux.	Blessés.	Fiévreux.	Blessés.	Fiévreux.
19	32	260	369	225	334	32	25
51		629		559		57	

Le chirurgien en chef,
Signé : **Brunel.**

L'économe administrateur,
Signé : **Bajac.**

HOPITAL DE LA 2ᵉ LÉGION DE LA GARDE NATIONALE

(Légion française).

Mouvement des malades pendant l'année 1848.

Exist. au 31 déc. 1847.		ENTRÉS.		SORTIS GUÉRIS.		MORTS.	
Blessés.	Fiévreux.	Blessés.	Fiévreux.	Blessés.	Fiévreux.	Blessés	Fiévreux.
22	42	213	335	181	343	29	16
64		548		524		45	

Le chirurgien en chef,
Signé : **Brunel.**

L'économe administrateur;
Signé : **Bajac.**

HOPITAL FRANÇAIS.

État nominatif des légionnaires morts à l'hôpital français par suite de blessures, d'après les registres existans de l'année 1843.

(Les chiffres placés au commencement des lignes indiquent les nᵒˢ d'entrée.)

1 Thilet (Pierre), 23 ans. né à Caressel (B.-Pyrénées), mort, le 2 juin, d'une balle neuf heures après en avoir été atteint.

2 Dormoy (Antoine), 34 ans, né à Passy (Seine), mort le 2 juin sur le champ de bataille.

3 Berrouet (Jean), 60 ans, né à Jholoy (B.-Pyrénées), mort le 2 juin sur le champ de bataille.

9 Lafarge, mort le 2 juin d'une balle, quatre heures après son entrée à l'hôpital.

28 Berry (Michel), né à Jholoy (B.-Pyrénées), mort le 14 juin d'une balle.

27 Gaspin (Michel), né à Boulogne (H.-Garonne), mort le 14 juin d'une balle.

64 Bernotte (Victor), né à Boulogne (H.-Garonne), mort le 8 juillet d'une balle.

65 Mirguel (Valentin), 29 ans, né à Celly (Aisne), mort le 5 juillet, resté au pouvoir de l'ennemi.

61 Jagnel (Martin), né à Celly (Aisne), mort le 8 avril.

72 Etcheverry (J.-B.), 23 ans, né à Saint-Jean-Pied-de-Port (B.-Pyrénées), mort le 13 juillet, égorgé par l'ennemi; sa tête fut trouvée aux avant-postes.

118 Dulac (Antoine), 49 ans, né à Rabarteins (H.-Pyrénées), mort le 23 août.

145 Bajacques (Jules), 20 ans, né à Bissas (H.-Pyrénées), mort le 29 septembre d'un coup de feu

148 Beillac (Jean), 21 ans, né à Nay (B.-Pyrénées), mort le 13 septembre d'un coup de feu.

150 Ubaldeborde (Bertrand), 28 ans, né à Ordiarp (B.-Pyrénées), mort le 20 septembre d'un coup de feu.

155 Pergus (César), 27 ans, né à Ordiarp (B.-Pyrénées), mort le 25 septembre, d'un coup de feu.

188 Milhaux (Lucien), 33 ans, né à Caux (Rhône), mort le 9 novembre d'une balle à la jambe.

137 Levette (J.-B.), 27 ans, né à Caux (Rhône), mort le 20 novembre d'une balle aux intestins.

244 Itrinta (Louis), 47 ans, né à Caux (Rhône), mort le 12 décembre d'une balle.

248 Adami (Napoléon), 22 ans, né à Caux (Rhône), mort le 29 novembre, d'une balle à la tête.

265 Degas (Édouard), 34 ans, né à Nantes (Loire-Inférieure), mort le 23 novembre sur le champ de bataille.

282 Souvellet (Pierre), 48 ans, né à Itsason (B.-Pyrénées), mort le 23 décembre sur le champ de bataille.

283 Albertary (Philippe), né à Itsason (B.-Pyrénées), mort le 4 décembre sur le champ de bataille.

302 Hely (Victor), 25 ans, né à Bordeaux (Gironde), mort le 10 janvier sur le champ de bataille.

326 Calonge (Pierre), 17 ans, né à Ainhoux (B.-Pyrénées), mort le 24 janvier d'une balle au genou.

328 Ercalde (Pierre), 24 ans, né à Madelaine (B.-Pyrénées, mort le 26 décembre sur el champ de bataille.

Montevideo, 8 mars 1849.　　　　Certifié conforme aux registres.

Le chirurgien en chef,　　　　*L'économe administrateur,*

Signé : **Brunel.**　　　　Signé : **Bajac.**

HOPITAL FRANÇAIS.

État nominatif des légionnaires morts à l'hôpital français par suite de blessures, d'après les registres existans, de l'année 1844.

358 Deriam (Jean), 26 ans, né à Mont-de-Marsan (Landes), mort le 15 janvier, le lendemain de l'amputation.

361 Giribon, 29 ans, né à Mont-de-Marsan (Landes), mort le 14 janvier, de plusieurs coups de lance reçus le jour de sa mort.

362 Lacrampe, né à Mont-de-Marsan (Landes), mort le 14 décembre, idem.

383 Larroltole (Jean), 22 ans, né à Lancube (B.-Pyrénées), mort le 30 décembre, balle à la jambe droite.

400 Miller (Jean), 41 ans, né à Lancube (B.-Pyrénées), mort le 18 février sur le champ d'honneur.

424 Cyheragaray (Ar.), 45 ans, né à Moncayolle (B.-Pyrénées), mort le 18 février, idem

425 Lecumberry (Jean), 45 ans, né à Saint-Pé (B.-Pyrénées), mort le 18 février, idem.

426 Arrobit (Bertrand), 29 ans, né à Jaxou (B.-Pyrénées), mort le 18 février, idem.

427 Hourcade (Jean), 39 ans, né à Arbouch (B.-Pyrénées), mort le 20 février, coup de feu.

428 Bidegain (Dominique), 30 ans, né à Burrus (B.-Pyrénées), mort le 22 février, idem.

433 Ilchoury (Esteran), 43 ans, né à Labastide (B.-Pyrénées), mort le 9 juin, idem.

445 Bonnet (Antoine), 28 ans, né à Paris (Seine), mort le 5 mars, idem.

450 Beauger (Jean), 42 ans, né à Bolbec (Seine-Inférieure), mort le 27 février, idem.

451 Latapie (J.-B.), 18 ans, né Lourdes (H.-Pyrénées, mort le 27 décembre sur le champ de bataille.

453 Bidot (Théophile), 21 ans, né à Lorient (Morbihan), mort le 20 mars, coup de feu.

495 Capdepont (Arnaud), 32 ans, né à Domezain (B.-Pyrénées), mort le 19 mars d'un coup de feu par accident.

496 Jagarchary (Gabriel), 52 ans, né à Arrugne (B.-Pyrénées), mort le 19 mars, coup de feu.

514 Lascasteguy (Pierre), 26 ans, né à Lacarre (B.-Pyrénées), mort le 28 mars d'un coup de canon.

518 Mello (Joseph), 26 ans, né à Lacarre (B.-Pyrénées), mort le 7 avril, citanos.

521 Espontanne (J.-B.), 25 ans, né à Lacarre (B.-Pyrénées), mort le 12 août, coup de feu.

522 Daugais (Annibal), 18 ans, né à Viodos (B.-Pyrénées), mort le 29 mars, balle à la tête.

531 Carbonnel (Baptiste), 33 ans, né à Agde (Hérault), mort le 23 avril, coup de feu.

544 Biari (Dominique), 19 ans, Hasparens (B.-Pyrénées), mort le 22 avril, un boulet.

548 Lago (Arnaud), 22 ans, né à Aussurucq (B.-Pyrénées), mort le 22 avril, coup de feu.

558 Morel (Vincent), 23 ans, né à Aussurucq (B.-Pyrénées), mort le 24 avril sur l champ de bataille.

559 Barbet (Jean), 32 ans, né à Ibos (H.-Pyrénées), mort le 24 avril, idem.

560 Cabillou (Bernard), 27 ans, né à Lauhonoa (B.-Pyrénées), mort le 24 avril, idem.

561 Mardille (François), 44 ans, né à Déolo (Indre), mort le 24 avril, idem.

569 Gambère, 34 ans, né à Oleron (B.-Pyrénées), mort le 13 mai, coup de feu.

585 Mené (J.-B.), 22 ans, né à Oleron (B.-Pyrénées), mort le 27 avril, idem.

586 Dufour (Édouard), 22 ans, né à Grandville (Manche), mort le 1er mai, idem.

587 Domato (Vincent), 20 ans, né à Gotein (B.-Pyrénées), mort le 30 avril, idem.

590 Esturla (Antoine), 19 ans, né à Oleron (B.-Pyrénées), mort le 30 avril, idem.

599 Destain (Jean), 33 ans, né à Gotein (B.-Pyrénées), mort le 4 mai, idem.

608 Minvielle (Paul), 24 ans, né à Orzeube (B.-Pyrénées), mort le 24 avril, sur le champ de bataille.

609 Pourteau (Derud), 24 ans, né à Castillon (B.-Pyrénées), mort le 24 avril, idem.

624 Ferrand (Raymond), 20 ans, né à Jousse (H.-Pyrénées), mort le 23 mai, coup de feu.

626 Alvarez (Raymond), 24 ans, né à Jousse (H.-Pyrénées), mort le 25 mai, idem.

627 Lajeunine (Abraham), 30 ans, né à Bordeaux (Gironde), mort le 24 avril sur le champ de bataille.

692 Affre (Louis), 34 ans, né à Agde (Hérault), mort le 26 mai, idem

649 Maricuan (Jean), 33 ans, né à Baigorry (B.-Pyrénées), mort le 24 avril, idem.

652 Lecouna (Joupa), 33 ans, né à Baigorry (B.-Pyrénées), mort le 24 mars, idem.

674 Etcherey (Jean), 37 ans, né à Bidarroz (B.-Pyrénées), mort le 12 août, coup de feu.

689 Etcharren, 30 ans, né à Saint-Jean-Pied-de-Port (B.-Pyrénées), mort le 6 juillet, id.

690 Dran (Jean), 20 ans, né à Ourbilolle (B.-Pyrénées), mort le 24 août sur le champ de bataille.

691 Caracotche (Sébastien), 46 ans, né à Ainhou-Mongole (B.-Pyrénées), mort le 7 juillet d'une balle à la tête.

692 Riou (Antoine), 53 ans, né à Brest (Finistère), mort le 6 juillet d'une balle à la tête.

704 Maury (Jean), 22 ans, né à Castetis (B.-Pyrénées), mort te 13 juillet d'une balle à l'estomac.

725 Dugros (Jean), 24 ans, né à Moilaune (B.-Pyrénées), mort le 27 juillet d'une balle à la tête.

726 Crespo (Joseph), 24 ans, Paris (Seine).

781 Julien (Alexandre), 19 ans, né à Bordeaux (Gironde), tué le 13 septembre par un boulet de canon.

793 Tantos (Dominique), 40 ans, né à Janguis (B.-Pyrénées), mort le 24 avril sur le champ de bataille.

822 Toribio (Joseph), 24 ans, né à Janguis (B.-Pyrénées), mort le 13 décembre d'un coup de feu au bras.

864 Saldunbide (Pierre), 33 ans, né à Saint-Jean-Pied-de-Port (B.-Pyrénées), mort le 31 mars d'un coup de feu.

897 Muniz (Pedro), 22 ans, né à Saint-Jean-Pied-de-Port (B.-Pyrénées), mort le 8 décembre d'un coup de couteau.

903 Bordand (Arnaud), 22 ans, né à Espes (B.-Pyrénées), mort le 8 octobre d'un coup de feu à bout portant.

913 Joli (Jean), 40 ans, à Espes (B.-Pyrénées), tué le 8 octobre, par accident.

Donnefoy, 40 ans, né à Espes (B.-Pyrénées), mort le 24 avril sur le champ de bataille.

Boullier, sénateur, 48 ans, né à Dieppe (Seine-Inférieure), idem.

Lecumberry (Jean), 20 ans, né à Hasparrens (B.-Pyrénées), idem.

Dulac (Dominique), 45 ans, né à Auch (Gers), idem.

Alezieu (Jean), 37 ans, né à Verdun (Ariége), idem,

Delavalette, 37 ans, né à Verdun (Ariége).

Cabanne (Auguste), 24 ans, né à Ustarits (B.-Pyrénées), idem.

Bouche (Jean), 40 ans, né à Bayonne (B.-Pyrénées), idem.

Rebeillé (Jean), 22 ans, né à Salles-Adour (H.-Pyrénées), idem.

Francois (Joseph), 18 ans, né à Lagos (B.-Pyrénées), idem.

Darras (Bernard), 40 ans, né à Arneguy (B.-Pyrénées), idem.

Arancet (Guillaume), né à Ainhie (B.-Pyrénées), idem.

Itdonteguy (Jean), idem.

Dullalde (Jean), 24 ans, né à Meharia (B.-Pyrénées), idem.

Agotaraz (Jean), 18 ans, idem.

Fonsans (André), idem.

Latamine (Louis), idem.

Adam (Jean-Baptiste), 36 ans, né à Saint-Jean-de-Luz (B -Pyrénées), idem.

Bidegain (Jean), idem.

Abadie (Jean), idem.

Barrère (Jean), 26 ans, né à Saint-Laurent (H.-Pyrénées), idem.

Beins (Pierre), 21 ans, né à Osserain (C.-Pyrénées), idem.

Grillet (Simon), 31 ans,   idem.

Bland (Benjamin), 25 ans, idem.

Darré (Jean), idem.

Montevideo, 8 mars 1849. Certifié conforme aux registres.

Le chirurgien en chef, *L'économe administrateur.*

Signé : **Brunel.** Signé : **Bajac.**

HOPITAL FRANÇAIS.

État nominatif des légionnaires morts à l'hôpital français par suite de blessures, d'après les registres existans de l'année 1845.

936 Larrebal (Jean-Baptiste), 28 ans, né à Anglet (B.-Pyrénées), tué le 1er janvier par un boulet.

955 Périsse (Jean), 29 ans, né à Montfort (B.-Pyrénées), tué le 16 janvier d'une balle à la tête, mort sur le coup.

978 Quérillal (Jean), 24 ans, né à Sauveterre (B.-Pyrénées), mort le 1er février sur le champ de bataille.

1046 Harsubehèré (Gacian) 20 ans, né à Baygorry (B -Pyrénées), mort le 5 avril d'un d'un coup de feu.

1053 Clouet (Charles), 19 ans, né à Sainte-Bareille (Lot et Garonne), mort le 27 mai d'un coup de feu à la poitrine.

1056 Simeano (Augustin), 19 ans, né à Sainte-Bareille (Lot-et-Garonne), mort le 4 ma d'un coup de feu

1077 Charlot (Alphonse), 18 ans, né à Saint-Lô (Manche), mort le 12 avril d'une balle au cou.

1071 Mathon (Paul), 35 ans, né à Cherbourg (Manche), mort le 16 avril d'un coup de feu à la tête.

1086 Girardon (Gabriel), 43 ans, né à Pinassi (Saône-et-Loire), mort le 16 mai d'un coup de feu.

1099 Recard (Jean), 18 ans, né à Saint-Étienne (B.-Pyrénées), mort le 16 mai, d'une amputation à la jambe gauche,

1101 Mercapide (Jean), 17 ans, né à Mauléon (B.-Pyrénées), mort le 23 mai d'un coup de feu à la tête.

1130 Fazo (Jean), 17 ans, né à Mauléon (B -Pyrénées), mort le 12 mai, un mois après avoir été amputé.

1138 Iturbeau (Pierre), 18 ans, née à Saint-Jean-Pied-de-Port (B.-Pyrénées), mort le 1ᵉʳ juillet d'une balle lui ayant traversé la poitrine.

1143 Malingrin (Jean-Baptiste), 49 ans, né à Dunkerque (Nord), mort le 11 juillet d'un coup de sabre sur la tête.

1145 Belisquin (Jean), 19 ans, né à Espelette (B.-Pyrénées), mort le 21 juillet d'un coup de feu.

1153 Petey (Louis), né à Tarastike (H.-Pyrénées), mort le 20 juillet d'un coup de barre de fer à la tête.

1156 Sarahy (Jean), 20 ans, né à Hasparren (B.-Pyrénées), mort le 12 juillet d'une balle au cou ; resté sur le champ de bataille.

1158 Picot (Joseph), 27 ans, né à Bayonne (B.-Pyrénées), mort le 6 août d'une balle au flanc ; resté sur le champ de bataille.

1159 Colonvet (Thomas), 25 ans, né à Viodas (B.-Pyrénées), mort le 24 juillet d'un coup de feu au genou gauche.

1161 Avellezat (Serlé), 19 ans, à Viodas (B.-Pyrénées), mort le 24 juillet d'un coup de feu au côté droit du thorax.

1182 Sallabery (Pierre), 24 ans, né à Barrus (B.-Pyrénées), mort le 6 août d'un coup de couteau au bas ventre.

1183 Etchevarrial (Jean), 44 ans, né à Launce (B.-Pyrénées), mort le 17 août d'une brûlure par l'explosion d'un paquet de poudre.

1195 Garat (Pierre), 27 ans, né à Jholdy (B.-Pyrénées), mort le 19 août d'une balle à la tête.

1196 Arguimzol (Armand), 19 ans, né à Ordiarp (B.-Pyrénées), mort le 20 août, resté sur le champ de bataille.

1225 Salomon (Victor), 30 ans né à Rozan (Charente), mort le 15 septembre d'une balle dans la tête.

1237 Gahassin (Dominique), 26 ans, né à Lies (H.-Pyrénées). mort le 14 décembre d'un coup de feu.

1243 Mindibourg (Jean), 48 ans, né à Istervile (B.-Pyrénées), mort le 14 octobre d'un fracture au crâne par instrument tranchant.

1244 Prévot (Bernard), 55 ans, né à Bayonne (B.-Pyrénées), mort le 26 octobre d'un coup de feu à la tête

1266 Delon (Jean-Marie), 25 ans, né à Murcassin (Gers), mort le 17 novembre d'une amputation à la verge.

1969 Paz (Raphael), 30 ans, né à Santa-Fé (Rive-Argentine), mort le 31 octobre d'une plaie faite par un instrument tranchant et piquant.

1288 Brimond (Henry), 54 ans, né à Abbeville (Somme), mort le 19 novembre ; resté sur le champ de bataille.

1289 Landarc (François), 40 ans, né à Aroue (B.-Pyrénées), mort le 9 décembre d'un coup de feu.

1290 Bustingorry (Jean), 57 ans, né à Mihazin (B.-Pyrénées), mort le 16 novembre d'une appoplexie foudroyante, arrivant à la ligne.

1296 Chibas (Pierre), 27 ans, né à Salies (B.-Pyrénées), mort le 19 novembre, chez lui.

1308 Reullet (Pierre), 25 ans, né à Montegut (H.-Pyrénées), mort le 2 décembre d'une blessure à la tête par suite d'une chute.

1314 Saunier (Joseph), 42 ans, né à Saint-Aubin (Eure), mort le 15 mars d'un coup de feu à la jambe gauche.

1324 Deas (François), 37 ans, né à Saint-Genis (Charente), mort le 19 décembre d'un coup de feu au bras gauche.

1315 L'hermit-Luc, 26 ans, né à Belle-Isle (Morbihan), mort le 10 décembre d'une amputation à la cuisse gauche.

1340 Salzedo (Joseph), 28 ans, né à Belle-Isle (Morbihan), mort le 15 décembre d'un coup d'instrument tranchant à la poitrine.]

1343 Adam (Pierre), 36 ans, né à Saint-Jean-Pied-de-Port (B.-Pyrénées), mort le 15 décembre, d'un boulet de canon.

1345 Sallaborry (Jean), 48 ans, né à Mindionde (B.-Pyrénées), mort le 27 décembre d'une fracture des côtes par un coup de feu.

1363 Garat (Joseph), 26 ans, né à Lehibrein (B.-Pyrénées), mort le 28 décembre d'un coup de feu à la poitrine ; resté sur le champ de bataille.

Montevideo, 8 mars 1849.   Certifié conforme aux registres.

Le chirurgien en chef.   *L'économe administrateur.*

Signé : **Brunel**.   Signé : **Bajac**.

HOPITAL FRANÇAIS.

État nominatif des légionnaires morts à l'hôpital français par suite de blessures, d'après les registres existans de l'année 1846.

1373 Cazeaux (Célestin), 23 ans, né à Andaux (B.-Pyrénées), mort le 22 janvier, amputation du bras gauche.

1387 Bordé (Victor), 22 ans, né à Argentan (Orne), mort le 18 janvier sur le champ d'honneur.

1418 Paz (Paolo), né à Argentan (Orne), mort le 11 mars d'un coup d'arme tranchante.

1420 Etchart (Michel), 18 ans, né à Palais (B.-Pyrénées), mort le 10 février d'un coup de feu.

1426 Delon (Maurice), 23 ans, né à Souès (H.-Pyrénées), mort le 15 février d'un coup de couteau.

1451 Deliec (François), 34 ans, né à Characq (Rhône), mort le 8 mars, contusion à l'œil droit.

1455 Richard (Frédéric), 44 ans, né à Characq (Rhône), mort le 15 mars, amputation du bras gauche.

1480 Moreau (Jean), 53 ans, né à Characq (Rhône), mort le 16 mars d'un coup de lance.

1491 Ducos (Pascal), 34 ans, né à Andrés (H.-Pyrénées), mort le 21 mars sur le champ d'honneur.

1497 Cavicquiry (Pierre), 48 ans, né à Chaviette (B.-Pyrénés), mort le 29 mars, tué par une mine.

1506 Dufau (Jean), 24 ans, né à Castagnède (B.-Pyrénées), mort le 2 avril sur le champ d'honneur.

1511 Braneire, 22 ans, né à Pujols (Gironde), mort le 2 avril sur le champ d'honneur.

1521 Nicoli, 23 ans, né à Pujols (Gironde), mort le 6 avril des suites de huit coups de poignards.

1557 Etcheverry (Jean), 36 ans, né à Arcangnes (B.-Pyrénées), mort le 10 mai d'un coup de feu.

1560 Manoel Morienda, 20 ans, né à Arcangnes (B.-Pyrénées), le 25 avril sur le champ d'honneur.

1573 Quinton Dioneze, 18 ans, né à Arcangnes (B.-Pyrénées), mort le 6 mai, coup de feu

1589 Dustament (Autoine), 25 ans, né à Arcangnes (B.-Pyrénées), mort le 12 mai, idem.

1395 Haramberry (Jean), 28 ans, né à Arhansus (B.-Pyrénées), mort le 16 mai, idem.

1620 Fautony (Joseph), né à Arhansus (B.-Pyrénées), mort le 26 mai, idem.

1624 Monjardin (Louis), 23 ans, né à Arhansus (B.-Pyrénées), mort le 26 mai, idem.

1648 Calvele, 23 ans, né à Arhansus (B.-Pyrénées), mort le 14 juin d'un coup de couteau

1654 Bezeil (Aduin), 21 ans, né à Siaron (H.-Pyrénées), mort le 2 juillet d'un coup de feu.

1664 Plciné (Antoine), 19 ans, né à Siaron (H.-Pyrénées), mort le 9 juillet, idem.

1672 Cazarès (Michel), 32 ans, né à Siaron (H.-Pyrénées), mort le 13 juillet, idem.

1674 Mondibourd (Pierre), 32 ans, né à Villefranche (B.-Pyrénées), mort le 16 juillet d'un de couteau.

1677 Ducousin (Louis), 32 ans, né à Sambrun (H.-Pyrénées), mort le 25 juillet d'un coup de lance.

1686 Garbalenud (François), 44 ans, né à Sambrun (H.-Pyrénées), mort le 11 juillet su. le champ d'honneur.

2706 Germin Ithurria, 23 ans, né à Sambrun (H.-Pyrénées), mort le 26 juillet d'un coup de lance.

1713 Carrere, né à Sambrun (H.-Pyrénées), mort le 26 juillet, idem.

1740 Malct (Jean), 30 ans, né à Garindieu (B.-Pyrénées), mort le 16 août d'un coup de feu

1747 Bernarte (Martin), 21 ans, né à Garindieu (B.-Pyrénées), mort le 2 août, idem.

1350 Renaud (François), né à Morlaix (Finistère), mort le 20 août sur le champ de bataille

1763 Faurc (Jean), 31 ans, né à Espès (B.-Pyrénées), mort le 31 août d'un coup de poignard au cœur.

1787 Franche (Jean-Pierre), 35 ans, né à Espelette (B.-Pyrénées), mort le 26 septembre en coupant du foin aux avant-postes.

1795 Guyader (Guillaume), 34 ans, né à Eroscou (Finistère), mort le 5 octobre d'un coup de couteau.

1797 Latapie (Etienne), 34 ans, né à Cheles-de-Dat (H.-Pyrénées), mort le 30 janvier d'un coud de feu.

1798 Dopaz (François), 32 ans, né à Cheles-de-Dat (H.-Pyrénées), mort le 8 octobre sur le champ d'honneur.

1799 Roche (Jean-Maurice), 27 ans, né à Bazeillad (H. Pyrénées), mort le 8 octobre d'un de feu.

1800 Grangé (Jean), 35 ans, né à Saint-Laurent-de-Netz (H.-Pyrénées), mort le 30 janv. d'un coup de feu.

1837 Lazalde (Dominique), 25 ans, né à Arnégaz (B.-Pyrénées), mort le 22 novembre, id.

1856 Courtade (César), 44 ans, né à Tarbes (H.-Pyrénées), mort le 28 novembre sur le champ de bataille.

1902 Ellinalt (Jean), 63 ans, né à Arnégaz (B.-Pyrénées), mort le 23 décembre d'un coup d'instrument tranchant.

1750 Larrody (Baptiste), 65 ans, né à Sauveterre (B.-Pyrénées), mort le 20 août sur le champ de bataille.

Montevideo, 8 mars 1849.   Certifié conforme aux registres.

Le chirurgien en chef,   *L'économe administrateur.*

Signé : **Brunel**.   Signé : **Bajac**.

HOPITAL FRANÇAIS.

État nominal des légionnaires morts à l'hôpital français par suite de blessures, d'après les registres existans de l'année 1847.

1914 Paz, (José), 21 ans, né à Argentan (Orne), mort le 5 janvier sur le champ de bataille.

1941 Mollard (Jean-Baptiste), 17 ans, né à Lyon (Rhône), mort le 8 février, désarticulation de la jambe gauche.

1955 Dufour (Bertrand), 34 ans, né à Sauveterre (H.-Garonnne), mort le 8 février, amputation des deux bras.

1959 Jeamdeph (Juan), 33 ans, né à Sauveterre (H.-Garonne), mort le 12 mars, amputation à la cuisse.

1964 Herdoys (Jean), 30 ans, né à Ainhice (B.-Pyrénées), mort le 28 février d'un coup de feu à la cuisse.

1967 Haenset (Pierre), 31 ans, né à Anhoun (B.-Pyrénées), mort le 27 janvier d'un coup de feu au bras.

2026 Isidore (Lion), 19 ans, né à Anhoun (B.-Pyrénées), mort le 2 mars sur le champ de bataille.

2033 Acuna (Michel), 30 ans, né à Anhoun (B.-Pyrénées), mort le 15 mars d'un coup de feu à la cuisse droite,

2096 Heimann [Frauçois], 23 ans, né à Anhoun (B.-Pyrénées), mort le 5 avril sur le champ de bataille.

2137 Rodrigues (José), 45 ans, né à Anhoun (B.-Pyrénées), tué le 15 avril par les blancs en coupant du foin.

2128 Mathieu, 50 ans, né à Erazan (Gers), mort le 21 avril sur le champ de bataille.

2130 Pcimbiel (Bertrand), 32 ans, né à Amont (Landes), mort le 21 décembre au champ d'honneur, au Cerro.

2131 Jeihauspé (Martin), 32 ans, né à Amont (Landes), mort le 21 décembre, au Cerro sur le champ de bataille.

2134 Irolico (Antonio), 15 ans, à Bozgorry (B.-Pyrénées), mort le 23 avril aux avant-postes en chassant.

1143 Etcheverry (Jean), 44 ans, né à Bozgorry (B.-Pyrénées), mort le 3 mai, assassiné. chez lui.

2144 Etcheverry (Pierre), 13 ans, né à Bazgorry (B.-Pyrénées), mort le 3 mai, assassiné

2153 Roulier, 13 ans, à Piesso (Côtes-du Nord), mort le 11 mai d'un coup de fer dans le ventre.

2167 Marquiz, 50 ans, né à Mitain (B.-Pyrénées), mort le 22 mai, d'une hernie étranglée.

2175 Marqueeiza (Jean), 40 ans, né à Mitain (B.-Pyrénées), mort le 25 mai d'un instrument tranchant et piquant.

2178 Iglesia (Vincent), 20 ans, né à Mitain (B.-Pyrénées), mort le 28 mai d'un coup de feu au ventre.

2192 Legrand (Auguste), 23 ans, né à Viservan (Ille-et-Vilaine), mort le 2 juillet d'un coup de feu à la tête.

2312 Mondoutey (Jean), 33 ans, né à Biron (B.-Pyrénées), mort le 28 septembre d'un coup de feu à la cuisse droite.

2080 Aguerre (Pierre), 20 ans, né à Laribieu (B.-Pyrénées), mort le 9 octobre d'un coup de feu au genou gauche avec fracture.

2350 Habouns, 42 ans, à Larribieu (B.-Pyrénées), mort le 16 septembre d'une explosion d'une mine.

2351 Hinq (Michel), 25 ans, né à Mainvielle (B.-Pyrénées), mort le 28 septembre d'une explosion d'une mine.

2371 Brousser (Jacques), 32 ans, né à Urcody (B.-Pyrénées), mort le 9 octobre sur le champ de bataille.

2430 Roas (Jacques), 28 ans, né à Assurac (B.-Pyrénées), mort le 3 novembre sur le champ de bataille.

2433 Jourdain (Jean), 26 ans, né à Brest (Finistère), mort le 29 novembre d'un coup de feu au poignet droit, amputation.

2473 Dufaret (François), 30 ans, né à Oléron (B.-Pyrénées), mort le 27 décembre sur le champ d'honneur.

2481 Barnech, 28 ans, né à Assurac (B.-Pyrénées), mort le 27 décembre, amputé au bras gauche.

2529 Pey (Blaise), 20 ans, né à Tinagai (H.-Pyrénées), mort le 27 décembre d'un coup de feu.

2129 Bresson (Julien), 24 ans, né à Saint-Philibert (L.-Inférieure), mort le 21 avril sur le champ de bataille.

Montevideo, 8 mars 1849.
Le chirurgien en chef.
Signé : **Brunel**.

Certifié conforme aux registres.
L'économe administrateur.
Signé : **Bajac**.

HOPITAL FRANÇAIS.

État nominatif des légionnaires morts à l'hôpital français par suite de blessures, d'après les registres existans de l'année 1848.

2549 Sanches (José), 18 ans, né à Rennes (Ille-et-Vilaine), mort le 11 janvier d'une balle à la tête.

2567 Clout (Charles), 47 ans, né à Rennes (Ille-et-Vilaine), mort le 11 janvier d'un coup de feu dans l'abdomen.

2587 Durand, 45 ans, né à Rennes (Ille-et-Vilaine), mort le 17 janv. au champ d'honneur.

2595 Laporte (Conte), 25 ans, né à Sigale (H.-Pyrénées), mort le 21 janvier, idem.

2603 Dazarola (Jean-Baptiste), 19 ans, né à Bayonne (B.-Pyrénées), mort le 25 janv., id.

2602 Sabillaga, 33 ans, né à Bayonne (B.-Pyrénées), mort le 25 janvier, idem.

2613 Lages, 33 ans, né à Bayonne (B.-Pyrénées), mort le 1er février d'un coup de feu.

2652 Malmayon, 22 ans, né à Housquin (B.-Pyrénées), mort le 20 février sur le champ de bataille.

2659. Etchart (Bernard), 23 ans, né à Baygory (B.-Pyrénées), mort le 24 février d'un coup de couteau.

2662 Hegeulistoy, 23 ans, né à Baygory (B.-Pyrénées), mort le 27 février sur le champ de bataille.

2663 Larralde (Souarend), 23 ans, né à Baygory (B.-Pyrénées), mort le 27 février, idem.

2664 Pequemale, 23 ans, né à Baygory (B.-Pyrénées), mort le 27 février sur le champ d'honneur.

2672 Geymech (Jean), 36 ans, né à Pagolla (B.-Pyrénées), mort le 19 mars d'un coup de feu.

2673 Iscurians (Valentin), 13 ans, né à Santa-Fé (Pyrénées-O.), mort le 2 mars, fracture des deux jambes par un boulet, amputation.

2748 Hamar (Jacinthe), 31 ans, né à Combourg (Ille-et-Vilaine), mort le 5 avril au champ d'honneur.

2827 Lopez (Antoine), 35 ans, né à Bayonne (B.-Pyrénées), mort le 3 juin d'un coup de feu·

2867 Haubert (Honoré), 29 ans, né à Aubagne (Bouches-du-Rhône), 'mort le 29 juin sur le champ de bataille.

2898 Martins (Roc), né à Aubagne (B.-du-Rhône), mort le 4 août d'un coup de feu.

2900 Glabirry (Jean(25 ans, né à Aubagne (B.-du-Rhône), mort le 17 juillet sur le champ de bataille.

2911 Garro (Santiago), 17 ans, né à Aubagne (B.-du-Bhône), mort le 13 août d'un coup de feu.

2926 Deyneu (Jean), 52 ans, né à Cette (Hérault), mort le 12 août sur le champ d'honneur·

2934 Eyhearsa (Martin), 50 ans, né à Cette (Hérault), mort le 6 août, idem.

2972 Gérard (Jean), 50 ans, né à Cette (Hérault), mort le 15 septembre assassiné au Corro où il était de service.

3016 Revis (Diogo), 38 ans, né à Cette (Hérault), mort le 10 novembre d'un coup de feu à la jambe droite.

3086 Rodriguez (Nicolas), 35 ans, né à Cette (Hérault), mort le 3 décembre aux avant-postes en coupant du foin.

3108 Praniou (Pollier), 45 ans, né à Larochelle (Charente-Inf.), mort le 16 décembre, tué par les blancs.

3112 Auguste (Paro), 22 ans, né à Larochelle (Charente-Inf.), mort le 7 janvier d'un coup de feu à la poitrine.

3129 Ralle (Jacques), 45 ans, né à Saint-Julien (Gironde), mort le 18 février, désarticulation de l'épaule.

3133 Laraie (Joseph), 32 ans, né à Saint-Julien (Gironde), mort le 6 janvier d'une balle au coup.

Montevideo, 8 mars 1849.   Certifié conforme aux registres.

Lo chirurgien en chef   *L'économe administrateur.*
Signé : **Brunel.**   Signé : **Bajac.**